Pedro Calderón de la Barca

Das grosse Welttheater

Nach Joseph von Eichendorff

„Jedes spanische Schulkind kennt ihn, zugleich wird er außerhalb Spaniens nur noch wenig gelesen – zu Unrecht! Lehnen Sie sich zurück und lassen Sie mit „Das große Schauspiel“ Pedro Calderón de la Barcas vielleicht berühmtestes Stück und zugleich eines der wichtigsten Werke der spanischen Literatur auf sich wirken.“ *Redaktion Gröls-Verlag* (Edition I Werke der Weltliteratur)

Redaktionelle Hinweise und Impressum

Das vorliegende Werk wurde zugunsten der Authentizität sehr zurückhaltend bearbeitet. So wurden etwa ursprüngliche Rechtschreibfehler regelmäßig *nicht* behoben, denn kleine Unvollkommenheiten machen das Buch – wie im Übrigen den Menschen – erst authentisch. Mitunter wurden jedoch zum Beispiel Absätze behutsam neu getrennt, um den Lesefluss zu erleichtern.

Wir sind bemüht, ein ansprechendes Produkt zu gestalten, welches angemessenen Ansprüchen an das Preis/Leistungsverhältnis und vernünftigen Qualitätserwartungen gerecht wird. Um die Texte zu rekonstruieren, werden antiquarische Bücher von leistungsfähigen Lesegeräten gescannt und dann durch eine Software lesbar gemacht. Der so entstandene Text wird von Menschen gegen eine Aufwandsentschädigung gegengelesen und korrigiert – Hierbei können gelegentlich Fehler auftreten. Wenn Sie ebenfalls antiquarische Texte einreichen möchten, wenden Sie sich für weitere Informationen gerne an

www.groels.de

Informieren Sie sich dort auch gerne über die anderen Werke aus unserer

Edition | Bedeutende Werke der Weltliteratur

Sie werden es mit 98,008 %iger Wahrscheinlichkeit nicht bereuen.

Die Deutsche Nationalbibliothek verzeichnet dieses Werk in der Deutschen Nationalbibliografie.

Verleger: Marcel Hermann-Josef Gröls, Poelchaukamp 20, 22301 Hamburg.
Externer Dienstleister für Distribution und Herstellung: BoD, In de Tarpen 42, 22848 Norderstedt

Personen

Der Meister

Das Gesetz der Gnade

Die Welt

Der König

Der Weise

Die Schönheit

Der Reiche

Der Landmann

Der Bettler

Ein Kind

Eine Stimme

Der Meister *(erscheint mit Sternenmantel und Strahlenkrone).*

Anmutige Konturen
Der aus der Tiefe dämmernden Naturen,
Die zwischen Licht und Nächten
Des Himmels Abglanz sich erobern möchten
Und die Gestirne überfunkeln,
Mit ihren schönen Blumen, die verdunkeln,
Eh´ sie noch kaum erglühten,
Ein ird'scher Himmel schnell verwehter Blüten,
Kampfplatz der Elemente,
Ihr luft- und flutumspülten Berggelände,
Wo durch der Lüfte Wellen
Der Vögel Barken bunte Segel schwellen,
Der Fische stumm´ Gewimmel
Glückselig schwebt in meeresblauem Himmel,
Wo zuckende Wetterstrahlen
Mit Zornesfeuer ernste Warnung malen
Und auf den waldumkränzten Bergeszinnen,
Als Herrn des Reiches, Tier' und Menschen sinnen;

Du rastlos Ungeheuer

Aus Erde, Wasser, Luft und Feuer,
In ew'gen Wandelungen
Des Universums Werkstatt kühn entrungen,
Ein Wunder, wie kein zweites noch die Himmel kennen
Und um mit einem Worte dich zu nennen:
Du, Welt! die, wie das Lied vom Phönix singet,
Stets aus der eignen Asche sich verjünget!

(Die Welt erscheint.)

Die Welt. Wer heißt, zum Leben
Dem rauhen Kern des Balls, der mich umgeben,
Mit so gewalt'gem Rufe mich entsteigen?
Wer, mich mir selbst entreißend, bricht mein Schweigen?
Der Meister. Dein hoher Herr und Meister.
Gestalt und Form mit sichrer Hand umkreist er,
Ein Hauch von seinem Munde
Enthebt dich hier des Urstoffs finsterm Grunde.

Die Welt. Und wozu riefst du mich auf dies Gefilde?

Der Meister. Es schafft der Bildner sinnend sein Gebilde,
Die eigenen Gedanken
Lebendig dran ins Licht emporzuranken.

Aus eigner Macht bereiten
Will ich ein Fest mir, denn zu allen Zeiten,
Um meine Kraft und Herrlichkeit zu preisen,
Wird die Natur sich festlich mir erweisen;
Und da, vor allen Festen,
An würd'gem Schauspiel sich am allerbesten
Die Geister kräftigen und heben
Und nur ein Spiel ja alles Menschenleben,
So mag auf deinen Auen
Der Himmel auch ein Schauspiel heute schauen,
Das, bin ich Herr hier eben,
Notwendig von den Meinen wird gegeben.
So hab' ich denn aus diesen
Die Menschen, als die tüchtigsten, erkiesen,
Die in gemeßnen Weisen
Auf den vierfach geschiednen Erdenkreisen
Des Welttheaters wacker spielen sollen;

Ich selbst verteil' die Rollen
Nach eines jeglichen Natur und Richtung.
Doch daß des Festes Dichtung,

Wie sich's gebühret, auch mit allen Frachten
Der Szenerie und mit dem Schmuck der Trachten
Ergötzlich blende,
So rüste du verschwendrisch und behende
Die holden Scheine,
Daß jeder Wirkliches zu schauen meine.
Und nun ans Werk! Derweil ich dirigiere,
Sei du die Bühne und der Mensch agiere.

Die Welt. Mein erhabner Herr und Meister,
Dessen Winke, dessen Rufe
Alles ehrerbietig lauscht,
Meiner Bühne weite Runde
Öffn' ich denn, auf daß die Menschen
Sich im Schauspiel drauf versuchen,
Und ein jeder, was die Rolle
Fordert, finde hier nach Wunsche.

Blindes Werkzeug deiner Rechte,
Führ' ich aus nur, was du schufest,
Meine Tat ist dein Gedanke,
Mein das Werk zwar, dein das Wunder.

Erstlich nun – da's überall
Angemessen wird befunden,
Von der Bühne nichts zu sehen,
Bis der erste Laut erklungen –
Lass' ich einen grauen Vorhang
Übers Ganze niederfluten,
Wo chaotisch alle Dinge
Noch verworren und verschlungen.
Doch das soll nicht lange dauern;
Wenn die Nebel sich geschwungen,
Werden rasch, um zu verscheuchen
Des Theaters Dämmerungen
(Denn kein Festtag ohne Licht!)
Himmelskronen dann entzünden:
Hier des Tages heil'ge Fackel

Und des mitternächt'gen Dunkels
Hehre Leuchte dort, umflimmert
Von viel tausend lichten Funken,
Die vom Diadem der Nacht
Die Geschicke niederfunkeln.

Gleich im Anbeginn des Schauspiels,
Wo die schlichte und unschuld'ge
Weltintrige der Natur
Durch den ersten Akt geschlungen,
Soll empor ein Garten tauchen.
Mit den zierlichsten Konturen,
Wunderbaren Perspektiven,
Daß man staune, wie's gelungen
Der Natur, so mächt'ges Bild
Zu entwerfen ohne Studien.
Kaum noch aus den ros'gen Knospen
Äugelnd, sollen zarte Blumen
Da zum erstenmal den Morgen
Schüchtern grüßen und verwundert,

Und aus dunklem Laub der Bäume
Lockend goldne Früchte lugen,
Wenn vielleicht nicht schon die Schlange
Neidisch sie mit Gift besudelt;
Tausend Bächlein da zerschlagen
Ihr Kristall in jähem Sturze,

Daß Aurora um sie weine
Und von Tränen perl'n die Fluren;
Und daß um so leuchtender
Dieser Menschenhimmel funkle,
Denke ich in wüste Heiden
Rings zu fassen seine Runde.
Berge zieh' ich, wo Gebirge,
Täler tief, wo Niederungen
zu dem Bilde passend scheinen,
Und wo schon in Aquädukte
Selber sich die Erde klüftet,
Lass' ich schlau durch diese Furten
Abgefangne Meeresarme

Weit durchs Land als Ströme funkeln.
Zeigen auch die ersten Szenen
Nirgends eines Bauwerks Spuren,
Soll man doch bald Wunder sehn,
Wie ich in ein paar Minuten
Staaten gründe, Städte baue
Und die Höhen krön' mit Burgen;

Und wenn endlich, überwüchsig,
Der Gebirge Felsenwuchten
Alles zu erdrücken drohen
Und die Lüfte zu verdunkeln,
So verwandl' ich rasch die Bühne,
Daß, vom Sturm aus tiefstem Grunde
Aufgewühlt, ein Ozean
Alle Gipfel überflute
Und im unermeßnen Leer
Zwischen grauer Wolken Zuge
Nur ein einsam Schiff erscheine,
Das durch alle Schrecken furchtlos

Auf noch nie befahrner Bahn
Sichrc stille Gleise furchet,
Und Geflügel, Tier und Menschen
Rettend birgt in seinem Rumpfe.
Doch wenn drauf der Friedensbogen
Über Meer und Schiff geschwungen,
Mit den milden Himmelsfarben,
Blau und violett und purpurn,

Durch das Grauen niederstrahlt:
Bricht des Elementes Wut sich,
Und erschrocken beugt die Woge
Dem Gesetz sich ihres Ursprungs
Vor der Felsenstirn der Erde,
Die nun aus dem Grab der Fluten
Wiederum ihr Antlitz hebt,
Wenn auch bleich, verweint und stumm noch,
Ungesäumt nun folgt der zweite
Aufzug nach des ersten Schlusse:
Der vom Moses – und hier muß ich

Meinen Fleiß zu mehren suchen,
Denn, um dorthin zu gelangen,
Kommen eilig trocknen Fußes
Aus Ägypten angerückt
Durch das rote Meer die Juden.
Dort, wenn so die Flut sich teilt,
Soll die Sonne sich verwundern,
Was ich ihr für Klüfte zeige,
Die sonst tief im Wasser ruhten.

Doch schon mit zwei Feuersäulen
Leuchtet sie voran dem Zuge,
Denn durch Wüsten geht der Weg,
Zum verheißenen Genüsse,
Und um das Gesetz zu holen,
Hat den Moses, raschen Fluges,
Jetzt auf einen mächt'gen Berg
Ein Gewölk emporgeschwungen.
Aber dieser zweite Akt
Bricht in Schrecken aus zum Schlusse:

Wie im Todesschlummer dämmernd,
Wird die Sonne sich verdunkeln,
Und in tiefen Fieberschauern
Wird man da die Himmelskugel
Irre wanken sehn und weichen
Alle Kreis' aus ihren Fugen,
Berge bersten und die Mauern
Taumeln, wie von Wahnsinn trunken,
Bis der ganze morsche Bau
Rings in Trümmer ist gesunken.

Drauf beginnt der dritte Akt,
Der von Ahnungen durchklungen,
Daß hier Höheres im Spiel:
Das Gesetz des neuen Bundes.
Eitel Streben, zu ergründen
Dieses Wunder aller Wunder!
Also wird man in drei Akte
Nach den dreierlei Statuten
Einst die Weltenalter teilen

Von Jahrhundert zu Jahrhundert,
Bis zuletzt die ganze Bühne
Mit all ihrem reichen Prunke –
Daß auch Feuerwerk nicht fehle
Bei dem Fest – im Blitzeszucken
Unversehns von einem grimmen
Feuermeere wird verschlungen.
Hier versagt mir meine Stimme,
Und mein bleicher Mund verstummt,
Denn, schon es zu ahnen, schaudr' ich,
Es zu denken, sprengt die Brust mir,

Und ich bebe, auszusprechen
All das unermeßne Unglück.
Oh, daß dieser Tag noch lange
Weilte in der Zeiten Grunde
Und ihn nie die Völker schauten,
Die noch ruhn im Schoß der Zukunft!
Nun, in den drei Akten sehen
Wohl die Menschen manches Wunder,

Und nicht einem soll da fehlen,
Was fürs Schauspiel ihm von Nutzen.
Und da ich nun das Theater
Ausgerüstet ganz nach Wunsche,
Wirst du selbst wohl, was das Spiel
Anbetrifft, wie ich vermute,
Alles schon im Sinne haben,
Denn in deinem Sinn verbunden
Sind die Menschen, eh' sie sind,
Schon versichert ihres Ruhmes.
Doch daß jeglicher imstande,
Auf der Bühne, deinem Rufe

Folgend, auf- und abzutreten,
Habe ich zwei Türen hurtig
Eingerichtet: hier die Wiege,
Dort das Grab im Hintergrunde.
Und nicht minder auch gedacht' ich
Des Kostüms und nöt'gen Putzes,
Wie die Rollen ihn erheischen.

Denn bereit halt ich zur Stunde
Für den, der den König gibt,
Lorbeerkränze und den Purpur,
Für den tapfern Feldhauptmann
Waffen, Ansehn und Triumphe,
Dem, der den Minister spielt,
Geb' ich Bildung, Bücher, Schulen,
Geistlich Regiment dem Mönche,
Dem Verbrecher manchen Unglimpf,
Ehr' und Pracht dem Edelmann,
Privilegien den Kommunen.
Auch den Landmann, der um eines
Toren Schuld in Angst und Kummer

Muß den harten Boden bauen,
Rüst' ich aus mit Hack' und Pfluge.
Doch vor allen dann des Schauspiels
Dame zier' ich mit dem Schmucke
Höchster Schönheit, diesem süßen
Gifte für so viel Unschuld'ge;

Nur den Bettler lass' ich laufen,
Weil das seines Parts Natur so.
Keiner soll sich da beklagen,
Daß er nicht bereit gefunden,
Was er für sein Rollenfach
Irgend nur an Schmuck bedurfte.
Macht er dennoch seine Sache
Schlecht dann, so ist's meine Schuld nicht,
Sondern seine. Und da nun
Schon gerüstet all der Plunder,
So kommt, Sterbliche, herbei,
Um euch einzeln auszuputzen;
Auf dem großen Welttheater
Zeige jeder seine Kunst nun! *(Geht ab.)*

Der Meister. All ihr, noch im Nichts verloren,
Ruf euch dennoch auf zum Licht,
Denn vor meinem Angesicht
Seid ihrs eh' ihr noch geboren;
Heiß' zu jenen Blumenfloren,

Hört ihr mich auch nicht, euch eilen,
Wo der Zedern schlanke Säulen,
Palm und Lorbeer eurer warten –
Um an alle in dem Garten
Nun die Rollen zu verteilen.

(Es erscheinen: der Reiche, der König, der Landmann, der Bettler, die Schönheit, der Weise und ein Kind.)

Der König. Meister, siehe hier die Deinen!
Nicht geboren erst zu werden
Braucht ja dein Geschöpf auf Erden,
Um vor dir, Herr, zu erscheinen.
Noch beschwingt die Seele keinen
Ohne Leben, ohne Sinnen,
Trüb, gestaltlos wir zerrinnen
Wie der Rauch, des Windes Raub;

Hauch' beseelend an den Staub,
Daß wir unser Spiel beginnen!

Die Schönheit. Deines Denkens Schattenrisse
Sind wir, die nicht schaun, nicht leben,

Falb im unentschiednen Schweben
Nichts von Gut und Bösem wissen.
Drum, wenn aus der Welt Kulissen
Wir hervor hier treten sollen,
So verteile nun die Rollen,
Denn es ziemt uns allzumal
Nimmer in dem Stück die Wahl,
Welchen Part wir spielen wollen.

Der Landmann. Herrscher über dieses Land,
Den ich heut erst kennen lerne,
Deinem Winke folg' ich gerne,
Als das Machwerk deiner Hand.
Und da dir gar wohl bekannt
(Denn nichts birgt sich Gottes Blicke),
Welcher Part sich für mich schicke:
Kann ich, sollt' ich steckenbleiben,

Nicht dem Part die Schuld zuschreiben,
Sondern meinem Ungeschicke.

Der Meister. Wollte ich die unruhvollen,
Menschen um die Wahl befragen,
Auch nicht einem wohl behagen
Möchten dann des Leidens Rollen.
Alle würden herrschen wollen
Über alle frank und frei,
Und es fiele keinem bei,
Daß auf dieser Bühnenwelt,
Was er für das Leben hält,
Eben nur ein Schauspiel sei.
Doch ich, Autor dieser Märe,
Weiß, was jeder leisten kann,
Und so nehm' denn jedermann,
Welchen Part ich ihm beschere.
Spiel' den König du.

(Die Rollen verteilend.)

Der König. O Ehre!

Der Meister. Du, die Dame, leucht' als Sonne
Ird'scher Schönheit.

Die Schönheit. Welche Wonne!

Der Meister. Du den reichen Kavalier.

Der Reiche. Oh, so ward das Glückslos mir,
Wolkenlos zu schaun die Sonne!

Der Meister. Und des Landmanns Part sei dein.

Der Landmann. Ist ein Dienst das oder Würde?

Der Meister. Eine arbeitsel'ge Bürde.

Der Landmann. Werd' ein schlechter Werkmann sein.
Nein, ich bitt Euch, Herre mein,
Stamm' ich gleich von Adam her,
Macht mir's doch nicht gar so schwer!
Zwar ein Landgut wär' mir lieb,
Doch ein rechter Tagedieb
Steckt in mir, irr' ich nicht sehr;
Denn nach meinem Naturelle,
Und so neu in solchen Dingen,

Werd' ich schlecht den Spaten schwingen,
Oft mich ausruhn auf der Schwelle.

Wär' hier Nein an rechter Stelle,
Gleich wär' ich damit zur Hand,
Aber vor so feinem Grand',
Fürcht' ich, nützt mir's gar nicht viel,
Und so bleib ich in dem Spiel
Wohl der schlechtste Komödiant.
Doch Ihr habt Erfahrenheit,
Die den Hut mißt nach dem Kopfe,
Also auch mir armem Tropfe
Meine Dummheit wohl verzeiht.
Gebt ja jedem Schaf sein Kleid;
Was sollt' ich da lamentieren!
Dadurch laßt Ihr mich ja spüren:
»Mensch, du sollst nichts übertreiben«,
Und so, um bei Kraft zu bleiben,
Will ich hübsch gemach agieren.

Der Meister. Weisheit hab' ich *dir* erkoren.

Der Weise. Hohe Gunst erweist du mir.

Der Meister. Den armsel'gen Bettler dir.

Der Bettler. Gibst du mich so ganz verloren?

Der Meister *(zu dem Kinde)*. Und du stirbst, eh' du geboren.

Das Kind. Da ist meine Müh' gar klein.

Der Meister. Weislich richt' ich's also ein,
Daß, wer lebt, mitspielend strebe,
Und ich selbst sein Fach ihm gebe –
Denn so frommt es eurem Sinn.

Der Bettler. Könnte ich mein Los vermeiden,
Ach, wie gerne gäb' ich's hin,
Denk' ich recht in meinem Sinn
Meiner Rolle bittre Leiden.
Doch ich kann hier nichts entscheiden,
Wenn ich mich auch des erfrechte.
Aber du erwäg' das Rechte,
Nicht, was nimmer dir zu sagen
Darf der arme Bettler wagen,
Nein, was er dir sagen möchte.

Weshalb ward der Armut Pflicht
Mir zuteil in der Komödie?
Diese nur für mich Tragödie
Und für alle andern nicht?
Warum ich ein armer Wicht?
Weshalb, da für meinen Part
Mir dieselbe Seele ward
Wie dem Könige beschieden,
Unsre Rollen nun hienieden
Von so ganz verschiedner Art?
Hättest du zu anderm Streben
Mich aus anderm Stoff gebaut,
Wen'ger Seele mir vertraut,
Wen'ger Sinne mir gegeben:
Nun, so tröstet' ich mich eben,
Daß hier andre Gründe walten.
Doch so scheint's ein strenges Schalten,
Ja verzeih', erscheint es hart,

Daß er, der nicht besser ward,
Beßre Rolle soll erhalten.

Der Meister. Wisse, diese Bühne ziert
Minder nicht, wer ohne Fehle,
Schlicht und recht aus voller Seele
Mit dem Bettelstab agiert,
Als wer Kron' und Zepter führt;
Und wenn einst der Vorhang fällt,
Werden beide gleichgestellt.
Halt' dich wacker und vergesse
Nimmer, daß ich dir bemesse,
Gleich dein Kön'ge, dein Entgelt.
Wähne nicht, ob noch so wild
Dir das kurze Leben grolle,
Daß darum des Königs Rolle,
Hast du *deine* ausgefüllt,
Meinem Recht nach höher gut;
Voller Lohn wird nach Gebühr
Einst euch beiden, ihm wie dir.

Jede Rolle kann dich heben,
Denn das ganze Menschenleben
Ist ja nur ein Schauspiel hier.
Und ist dann das Spiel geschlossen,
Speist an meiner Seit' zu Nacht,
Wer's am besten hat gemacht
Und getreu und unverdrossen
Seiner Rolle Geist erschlossen.
Dort mach' ich euch beide gleich.

Die Schönheit. Doch wie heißt in deinem Reich
Nun das Stück, zu dem wir kamen?
Sag' uns, Herr, erst seinen Namen.

Der Meister. »Tue recht – Gott über euch.«

Der König. Not tut's, daß wir nichts versehn
In so wunderbarem Stücke.

Der Reiche. Darum, daß es besser glücke,
Laßt uns an die Probe gehn.

Der Weise. Ei, wie könnte dies geschehn,
Da wir, eh' das Stück beginnt,
Alle seelenlos noch sind,
Ohne Licht und ohne Leben?

Der Bettler. Doch wie läßt ein Stück sich geben
Aus dem Stegreif so geschwind?

Der Landmann. Recht hat der da mit der Krücke
(Denn das hab' ich schon erlauert,
Daß, wer bettelt und wer bauert,
Sich wie Hans zur Grete schicke).
Seht, selbst eins der alten Stücke,
Noch so oft schon aufgeführt,
Wird's nicht wiederum probiert,
Fällt's nicht aus zu sonderm Lobe;
Wie nun, wenn man ohne Probe
Gar ein neues hier agiert?

Der Meister. Ruhm wird sich das Spiel erwerben,
Nehmt ihr immerdar in acht,
Daß der Himmel richtend wacht,
Daß ihr wurdet, um zu sterben.

Die Schönheit. Und doch fürcht' ich's zu verderben,
Da wir alle noch nicht wissen,
Wenn wir nahn und abgehn müssen.

Der Meister. Auch dies bleibe euch verhüllt.
»Werden, sterben« zeigt im Bild
Euch der Ein- und Ausgang an.
Haltet nur in allen Wirren
Abzutreten euch bereit,
So ich rufe, kommt die Zeit.

Der Bettler. Doch wenn wir vielleicht uns irren,
Geist und Sinne sich verwirren?

Der Meister. Für die sämtlichen Genossen
Habe ich ein Buch erschlossen,
Dem, des Sinne sich verdüstern,
Draus einhelfend zuzuflüstern;
Dem Gemeinen wie dem Großen,
Allen dieses Buch bedeutet,
Was zu tun zu jeder Frist.

Also klagt nicht! Frei nun ist
Euer Wille und bereitet

Steht die Bühne. So durchschreitet

Denn vom Aufgang nun sogleich

Bis zum Niedergang das Reich

Eures ird'schen Seins.

Der Weise. Was stehen

Wir noch zögernd?

Alle. Laßt uns gehen,

Recht zu tun. Gott über euch!

(Indem sie abgehen wollen, kommt ihnen die Welt entgegen.)

Die Welt. Kommt! Ihr findet alles drinnen.

Schmückt euch nur aufs allerbeste

Zu dem Schein- und Schauspielfeste,

Daß es würdig mag beginnen.

Der König. Nach der Krone steht mein Sinnen.

Die Welt. Warum Kron' und Lorbeer dir?

Der König. Weil dies meiner Rolle Zier.

Die Welt. Nun, so nimm den Schmuck dahin.

(Sie reicht ihm Krone und Purpur. Der König geht ab.)

Die Schönheit. Volle Kränze von Jasmin,
Nelken, Rosen reiche mir!
Blitz auf Blitz, durch alle Zweige,
Laß die Frühlingslichter spielen,
Laß die Blumenaugen zielen
Aus des Maiens buntem Reiche,
Daß, besiegt, vor Neid erbleiche,
Wenn sie mich erblickt, die Sonne,
Und die Blume, die zum Bronne
Ihres Lichts die Blicke sendet,
Sei fortan nach mir gewendet,
Sonnenblume mir die Sonne.

Die Welt. Ei, wie gar so eitelsinnig
Trittst du, Kecke, in die Welt!

Die Schönheit. Darauf ist mein Part gestellt.

Die Welt. Und der ist?

Die Schönheit. Die Schönheit bin ich.

Die Welt. Oh, so töne, Lenz, herzinnig,
Funkeln soll's und Blüten schnein!
Strahl' im Frühlingswiderschein!

(Sie gibt ihr einen Blumenstrauß.)

Die Schönheit. Farbentrunken will ich schreiten,
Blumen sollen Tepp'che breiten,
Spiegel mir die Quellen sein. *(Ab.)*

Der Reiche. Gebet Pracht und Reichtum mir,
Mir, was ihr bewahrt an Schätzen!
Mich behaglich zu ergötzen
Auf der Welt, erschein' ich hier.

Die Welt. Ja, mein Innres will ich dir
Auftun, all Geklüft zertrümmern!
Die da in der Tiefe schimmern:
Gold und Silber, das ich karg
Seit Jahrhunderten dort barg,
Soll nach Wunsche dich umflimmern.

Der Reiche. Schwindelnd immer höher streben –
Ob des Glückes, das mir ward! *(Ab.)*

Der Weise. Ich erfleh' für meinen Part
Ein Stück Erde, drauf zu leben.

Die Welt. Welcher Part ist dir gegeben?

Der Weise. Weisheit und die Lernbegier.

Die Welt. Steht's um dich so geistlich hier,
Nun, so bet' und faste sehr.
(Sie reicht ihm Kutte und Geißel.)

Der Weise. Weise wär' ich nimmermehr,
Nahm' ich anderes von dir. *(Ab.)*

Die Welt. *(zum Kinde)*.
Wie? und du magst nichts begehren? .
Ohne Wünsche trittst du auf ?

Das Kind. Ach, zu meinem Lebenslauf
Kann ich deiner ganz entbehren.
Ungeboren heimzukehren,

Brauch' ich so viel Zeit nur eben,
Um aus dunklem Kerkerleben,
Aus der Nacht in Nacht zu wandern;

Und ein Grab, wie allen ändern,

Mußt du mir zuletzt doch geben. *(Ab.)*

Die Welt. Was willst du denn, grober Knolle?

Der Landmann. Was ich gern dir selbst verehrte.

Die Welt. Ei, zeig', was man dir bescherte.

Der Landmann. Ei, was schert dich meine Rolle?

Die Welt. Das schmeckt ziemlich nach der Scholle;

Wett' ich doch, daß dieser Derbe

Sich als Knecht sein Brot erwerbe.

Der Landmann. Traun, du hast mein Glück erraten.

Die Welt. Nun, so nimm denn diesen Spaten.

(Sie reicht ihm denselben.)

Der Landmann. Das ist Adams saubres Erbe.

Ja, Herr Adam konnt's wohl wissen,

Der so hochgelahrt doch war,

Daß sein Weib seit manchem Jahr

Des Geschwätzes sich beflissen;

Ich hätt' nicht mit drein gebissen:

Mocht' sie schwatzen Tag und Nacht!
Doch der Fant hat wohl gedacht:
»Ach, sie fleht so flehentlich!«
Und so hat er denn wie ich
Seine Rolle schlecht gemacht. *(Ab.)*

Der Bettler. Da ich, was die Welt beglücke,
Andern dich verteilen sehe,
Nun, so gib denn mir das Wehe,
Gib mir Leiden, Mißgeschicke.
Von dem überreichen Glücke
Will ich ja der Kronen keine,
Nicht des Frühlings bunte Scheine,
Silber nicht noch Gold für mich,
Nur um Lumpen bitt' ich dich.

Die Welt. Welche Rolle ist die deine?

Der Bettler. Meine Rolle ist die Trauer,
Ist der Jammer, ist der Schrecken,
Mitleid hier, dort Graun erwecken,
Vor den Türen auf der Lauer,
Zähneklappern, Fieberschauer,

Zwischen Furcht und Unglück schweben,
Lästig allen, die mich laben,
Immer was zu bitten haben,
Nimmer andern was zu geben.
's ist der Schimpf und das Verachten,
Schande, bittres Herzeleid,
Ekler Schmutz, die Niedrigkeit,
Stets nur nach der Notdurft trachten
Und vor Elend doch verschmachten,
Nie am eignen Herd erwärmen,
Ohne Trost im tiefsten Harme,
Hunger, Durst bis in den Tod,
Es ist die gemeine Not –
Denn das alles ward dem Armen.

Die Welt. Für dich hab' ich nichts zur Hand!
Wem des Bettlers Rolle fällt,
Der empfängt nichts von der Welt,
Ja, selbst noch dein Stück Gewand
Nehm' ich dir. So nun ins Land

Wandre nackt und bloß hinaus,
Denn ich kenn' mein Amt im Haus.

Der Bettler. Arge Welt, wie bist du trüglich!
Schmückst den Glücklichen vergnüglich,
Und den Bettler ziehst du aus! *(Ab.)*

Die Welt. Mannigfalt'ge Stände dort
Seh' ich nun zur Bühne schreiten:
Einen König, seiner weiten
Reiche hochbeglückten Hort,
Schönheit, deren Zauberwort
Alle Sinne hält gefangen,
Mächt'ge, die in Weltruhm prangen,
Bettler, singend ihre Lieder,
Bauern, fromme Ordensbrüder,

All, auf höheres Verlangen,
Sind, das Schauspiel darzustellen,
Vor den Schranken schon erschienen;
Ich geb' das Theater ihnen,
Kostümiere die Gesellen
Und misch' Glücks- mit Unglücksfällen.

Tritt nun, heil'ger Meister, ein;
Schau' der Menschen Lust und Pein!
Erde, öffne deine Bühne,
Denn des Erdenfrühlings Grüne
Soll des Spieles Schauplatz sein!

(Musik. Es eröffnen sich zwei Bühnen übereinander; auf der obern erblickt man einen von Glorien umgebenen Thron, auf welchem der Meister sitzt; die untere Bühne hat zwei Türen, von denen die eine mit einer Wiege, die andere mit einem Sarge bezeichnet ist.)

Der Meister. Da ich für des Himmels Höhen
Dieses Schauspiel mir ersonnen,
Will ich vor dem Thron der Wonnen,
Um den ew'ge Sonnen gehen',

Nach den Meinen prüfend sehen.
Die ihr wandelt auf und ab
Von der Wiege nach dem Grab,
Menschen, innerlich erwacht,
Nehmt nun euer Tun in acht,
Denn der Meister schaut herab.

Der Weise *(erscheint mit einer Laute und singt).*

Mond, Sonne, Sterne, des Herren Ehre,
Laßt durch die Himmel tönen,
Stimmet ein, ihr schönen
Blumen, der Erde Charaktere!
Lobsinge du, Licht, das alles weckt,
Du funkelnder Tau, der Flamme Sprühen,
Eisiger Winter und Sommerglühen,
Und was da unten der Vorhang deckt,
Denn wo die Höhen sich lichten,
Wird er ob Gutem und Bösem richten. *(Ab.)*

Der Meister. Schönres ist mir nie erklungen,
Als aus treuer Menschenbrust
Dieser Hymne ernste Lust,
Die, von Daniel einst gesungen,
Seines Königs Zorn bezwungen.
Die Welt. Wer wird den Prolog nun geben?
Doch aus Himmelshöhen eben
Seh' ich, auf des Meisters Wort,
Das Gesetz der Gnade dort

Leisen Flugs herniederschweben
Nach der Erde Gipfeln hin.

Das Gesetz *(mit einem Buche in der Hand auf einer Höhe erscheinend).*

Hört! Ich, das Gesetz der Gnade,
Alle zu dem Schauspiel lade;
Allen bin ich Helferin,
Die da irren; Kern und Sinn
Eures Spiels in diesem Reich
Faßt in eines Spruchs Bereich
Dieses Buch. Da steht geschrieben:

Sollst wie dich den Nächsten lieben,
Tue recht, Gott über euch!

Die Welt. Der Prolog war gar nicht dumm;
Sie hilft aus nun, geht's wo krumm.
Beifall klatschen möcht' ich hier,
Denn die Gnade sprach zu mir,
Als des Festes Publikum.

Aber still, denn jetzt beginnt es,
Sieh, da treten sie schon ein.

(Die Schönheit und der Weise kommen aus der Tür der Wiege.)

Die Schönheit. Komme mit mir, laß uns schweifen
Durch des Gartens Blütenreich,
Der die süße Lust der Sonne
Und die Heimat ist des Mai,
Denn beim holden Kusse beider
Nur erschließt er, strahlentrunken,
Seinen Widerschein der Sonne
Und den Blumenschmelz dem Mai.

Der Weise. Weißt ja, daß ich's nimmer liebe,
Ob es Winter oder Mai,
Die willkommne Haft zu brechen
Meiner stillen Einsamkeit.

Die Schönheit. Soll denn, was die andern freut,
Dir nur rauh und strenge sein?
Hat der Tag nicht seine Wonne?
Warum, sprich, hat Gott gestreut

Blumen über die Gefilde,
Wenn wir in der schönen Zeit
Ihren würz'gen Duft nicht atmen?
Wozu hieß er weit und breit
Vöglein mit dem süße Schalle
Buntbeschwingte Zithern sein,
Ziehn sie ungehört vorüber?
Wozu Perl' und Edelstein,
Wenn wir nicht mit edlem Stolze
Sie zu würd'gem Schmuck uns reihn?
Warum gab der Herr die Früchte,

Wenn der goldbeladne Zweig
Dir vergebens süße Labung
Aus dem dunkeln Laube reicht?
Warum endlich schuf er Himmel,
Berge, Tal und Sonnenschein,
Mag kein Aug' sich dran ergötzen?
Ja, mit vollem Recht erscheint
Undankbar, wer sich an Gottes
Schönen Wundern nicht erfreut.

Der Weise. Freun sich, um sich zu bewundern,
Und *ihm* Dank dafür zu weihn,
Ist ein wohlerlaubtes Tun,
Aber irrig, so du meinst,
Es sei rings umher erstanden
Der Geschöpfe Herrlichkeit,
Nur zur Lust dir, ohne ihres
Schöpfers eingedenk zu sein.
Nein, ich bleib' in meiner Klause
Frommer Abgeschiedenheit,

Drin mein Leben zu versenken;
Drum ward Weisheit mir zuteil.

Die Schönheit. Und mir, um gesehn zu werden
Und zu sehn, der Schönheit Preis.

(Sie scheiden voneinander.)

Die Welt. Schönheit und die Weisheit blieben
Nur gar kurze Zeit vereint.

Die Schönheit. Flechtet Netze, meine Locken!
Fange, meine Lieb', fang ein.

Was gleichgültig schweift auf Erden,
Und die Herzen kalt wie Eis.

Die Welt. Eine von den beiden Rollen
Scheint mir hier verfehlt zu sein.

Der Weise. Wie am mächtigsten beflügl' ich
Meinen Geist?

Die Schönheit. Wie richt' ich's ein,
Meiner Schönheit froh zu werden?

Das Gesetz. Tue recht – Gott über euch!

Die Welt. Der Souffleur läßt sich vernehmen –
Schönheit hört's nicht, geht vorbei.

(Der Reiche tritt auf.)

Der Reiche. Da verschwenderisch der Himmel
Macht und Gut mir heut verleiht,
Sei's dem fröhlichen Ergötzen
Auch verschwenderisch geweiht.
Nichts sei meinem Wunsch zu hoch,
Was mir wünschenswert erscheint,
Meinen Tisch schmück', was da fliegt

Oder durch die Wälder schweift.
Meine Heimat schlag' ich auf
In Frau Venus' heiterm Reich.
Süßes Ruhen, stolz Behagen,
Leichtsinn, Lust und goldner Wein
Sollen all mein Sein beherrschen!

(Der Landmann kommt.)

Der Landmann. Wer sah härtres Los als meins?
Ich zerkratze der den Busen,
Die mir ihre Brust gereicht,
Um alltäglich meine Nahrung
Mütterlich mir zu verleihn.
Ja, ich, der Regent des Pfluges,
Bin's, der ihre Stirn zerreißt
Und für ihr freigebig Wesen
Manchen Hieb und Streich ihr beut.
Axt und Beil sind meine Waffen,
Und allzeit zum Kampf bereit,
Schlage ich mich durch mit Sichel,
Sense in der Erntezeit.
Etwas Wassersucht verspür' ich

Jährlich im April und Mai,
Aber ohne Wasser würd' ich
Nur noch wassersücht'ger sein.
Braucht man irgendeine Steuer
– Die Aussteuer dieser Zeit –
Gleich wird frisch drauflosgesteuert

Auf das arme Bäuerlein.
Aber wart' nur, muß ich schwitzen,
Nun, so soll auch meinen Schweiß
Mir mein Kunde wohl bezahlen,
Denn ich stelle selbst den Preis.
Was bekümmert mich die Taxe
Und was der und jener meint?
Seine Schuld ist's, wer da kauft,
Hält er nicht die Taxe ein.
Regnet's diesen Mai nicht – und ich
Bitte Gott um Trockenheit –,
Ei, so weiß ich, daß mein Weizen
Um ein paar Dukaten steigt,
Und so werd' ich Rübezahl

Bald der ganzen Gegend sein,
Alles wird mich fürchten, ehren.
Doch, so aufgebläht und reich,
Was dann fang' ich weiter an?

Das Gesetz. Tue recht – Gott über euch!

Die Welt. Hörst du den Souffleur nicht flüstern?

Der Landmann. Bin ein wenig taub zur Zeit.

Die Welt. Der besteht auf seinem Kopfe.

Der Landmann. Nein, ich steh' auf meinem Bein.

(Der Bettler tritt auf.)

Der Bettler. Wer von allen, die da leben,
Sah wohl jemals größre Pein,
Als die meine ist? Mein bestes
Ruhelager ist der Stein,
Und ob auch der ganze weite
Himmel meine Decke sei,
Bleiben doch mir Schlafgesellen
Sonnenglut und kalter Reif,
Durst und Hunger meine Wecker.

Wolle Gott Geduld verleihn!

Der Reiche. Was beginn' ich, meine Pracht
Recht zu zeigen?
Der Bettler. All die Pein
Zu ertragen, wie beginn' ich's?

Das Gesetz. Tue recht – Gott über euch!

Der Bettler. O wie trostreich diese Stimme!

Der Reiche. Recht langweilig fällt sie ein!

Der Weise. Da – der König kommt zum Garten.

Der Reiche. Wie mein stolzer Sinn sich sträubt,
Sich vor irgendwem zu beugen!

Die Schönheit. Ich stell' mich ihm vor, vielleicht
Glückt es, daß vor meiner Schönheit
Sich besiegt der Hohe neigt.

Der Landmann. Und ich geh', denn sieht er mich,
Kommt ihm das Gelüsten gleich,

Mich von neuem zu beschatzen.
Solche Gunst ist stets mein Teil.

(Der König tritt auf.)

Der König. Allzu enge und beschränkt
Für mein schrankenloses Reich
Sind die Marken all der Gauen,
Die dies niedre Rund begreift.
Über allem, was die Sonne
Anblitzt und das Meer umkreist,
Steh' ich als Gebieter da.
Über alle herrsch' ich frei,
Und es werfen die Vasallen
Nieder sich, geh' ich vorbei.
Was bedarf ich noch hienieden?

Das Gesetz. Recht zu tun – Gott über euch!

Die Welt. Traun, der kommt mit seinem Spruche
Überall zur rechten Zeit!

Der Bettler. Doppelt unglückselig bei des
Fremden Glückes Widerschein
Steh' ich hier in meinem Elend.

Dort sonnt in der Herrlichkeit
Seiner Hoheit sich der König
Und bedenkt nicht, daß ich sein
Nicht entbehren kann. Die Dame,
Ganz versenkt in Eitelkeit,
Ahnt kaum, daß es in der Welt
Kummer gibt und herbe Pein.
Auch der Mönch, der dem Gebete
Alle seine Stunden weiht,
Dient er Gott auch recht, so dient er
Ihm doch mit Bequemlichkeit.
Selbst der vielgeplagte Landmann,
Kehrt er müd vom Felde heim,
Findet, wenn auch nicht verschwendrisch,
Dennoch seinen Tisch bereit,
Und der Reiche schwelgt in allem
Während in der Welt allein

Ich an allem Mangel leide.
Und so nah' ich allen heut,

Denn sie können ohne mich,
Ohne sie kann ich nicht sein.
Zu der Schönheit fass' ich jetzt
Mir ein Herz – Barmherzigkeit!
Eine Gabe!

Die Schönheit *(ohne ihn zu beachten)*.
Sprecht, ihr Quellen,
Die ihr meine Spiegel seid,
Welcher Schmuck ziert mich am schönsten?
Steht mir diese Locke fein?

Der Bettler. Seht Ihr mich nicht?

Die Welt. Tor! Gewahrst nicht,
Daß dein Hoffen eitel sei?
Wie mag, wer sich selbst vergessen,
Andrer eingedenk noch sein?

Der Bettler *(zum Reichen).*
Ach, aus Eurem Überflusse
Schenkt mir eine Kleinigkeit.

Der Reiche. Gibt's nicht Türen, dran zu klopfen?
Dringt man bis zu mir herein?
Dort im Vorhaus an der Schwelle
Harret man und bittet leis,
Fällt nicht mit der Tür ins Haus.

Der Bettler. Seid nicht hart, erbarmt Euch mein!

Der Reiche. Fort da, unverschämter Bettler!

Der Bettler. Wer zur Lust so vielerlei
Wegwirft, hätte der für mich
Nicht auch etwas übrig?

Der Reiche. Nein.

Die Welt. 's ist ein Geizhals und der Arme
Aus dem Gleichnis, wie mir scheint.

Der Bettler. Da er nicht die Not begreift,
Wag' ich's, mich in meinem Leid

An den König selbst zu wenden.
Herr, gedenk in Milde mein!

Der König. Meinen Großalmosenier
Setzt' ich zu dem Zwecke ein.

Die Welt. Mit Ministern schanzt der König
Klüglich sein Gewissen ein.

Der Bettler *(zum Landmann)*.
Guter Landmann, da für jedes
Körnlein, das Ihr ausgestreut,
Euch das Zehn- und Hundertfache
Gottes Segen hat erteilt,
Oh, so helft mir in dem Elend!

Der Landmann. Freund, hat es mir Gott erteilt,
Hieß es erst auch wacker pflügen,
Und es kostet meinen Schweiß.
Saget, schämt Ihr Euch denn gar nicht?
So ein Kerl, stark und breit,
Und zu betteln! Dienst genommen,

Nicht so faul durchs Land geschweift!
Und gibt's einmal schmale Bissen,

Nun, zum Henker! nehmt das Beil,
Euer Brot Euch zu verdienen!

Der Bettler. Aber in dem Schauspiel heut
Ward mir ja des Armen Rolle,
Nicht des Landmanns Part zuteil.

Der Landmann. Mit der Rolle gab der Meister
Euch doch nimmer das Geheiß,
Nur als Vagabund zu betteln,
Denn die Arbeit und der Schweiß
Paßt recht zu des Armen Rolle.

Der Bettler. Ach, um Gott's Barmherzigkeit,
Bruder, Ihr seid gar zu strenge.

Der Landmann. Und Ihr gar zu betteldreist.

Der Bettler *(zum Weisen)*.
Reicht mir eine milde Gabe!

Der Weise *(ihm Brot gebend)*.
Nehmt – verzeiht die Kleinigkeit.

Der Bettler. Ja, barmherzig Brot zu spenden
Ziemt vor allen andern Euch,
Da ja stets das Brot des Lebens
Uns der heil'ge Glaube reicht.

Der Weise. Weh!

Der König. Was gibt es?

Der Bettler. Wohl im Wandern
Irgendeines Trübsals Stein
Hat den Glaubenshort verwundet.

Der König *(dem Weisen die Hand reichend)*.
Wo er wankt, steh' ich ihm bei.

Der Weise. Wohlgetan war's, denn kein andrer
Kann so kräft'gen Arm ihm leihn.

Der Meister. Manchen Fehl' könnt' ich verbessern,
Der sich meinem Blick hier beut,
Doch dazu gab ich dem Menschen
Starken Willen und das Reich
Über seine Leidenschaften,
Auf daß jeder tüchtig sei,

Durch sein Tun sich selbst zu adeln;
Und so lass' ich alle frei
Heute ihre Rollen spielen.
Doch, wie bunt die Wirrung sei,
Im Zusammenspiel beacht' ich
Jeglichen für sich allein,
Allen das Gesetz verkündend:

Das Gesetz. Tue recht – Gott über euch!
Wiederholt schon jedem einzeln
Sowie allen im Verein
Sagt' ich's, und so wird ihr Irrtum
Künftig ihre Schuld auch sein:
Sollst gleich dir den Nächsten lieben,
Tue recht, Gott über euch!

Der König. Da uns all zu einem Schauspiel
Dieses Leben hat vereint,
Freundlich auch dieselben Pfade
Allen Wanderern gemein,

So laßt durch Gespräch den Weg uns
Kürzen in Vertraulichkeit.

Die Schönheit. 's gäb ja nimmer eine Welt
Ohne die Geselligkeit.

Der Reiche. So bring' jeder ein Geschichtchen.

Der Weise. Zu weitschichtig möcht' das sein.
Besser scheint's, daß jeder sage,
Was er still im Herzen meint.

Der König. Bedenk' ich meines Reiches Hochgewalten,
Steh' ich vor Glanz in Staunen oft verloren,
Ob der geheimnisvollen Macht der Horen,
So wunderbaren Wechsel zu entfalten.
Für mich die Felsenschlösser Wache halten,
Vasallin ward die Schönheit mir geboren,
Und was da niedrig, was zu Pracht erkoren:
Triumphe sind es für des Schicksals Walten.
Soll's, so ein vielgestaltet Ungeheuer,
Das so viel Köpfe mir entgegenbäumet,

Mit sichrer Hand zu bänd'gen mir gelingen:
Oh, so gib, Himmel, mir der Weisheit Feuer!
Denn eitel Menschenkraft vergeblich träumet,
Ein Joch so vielen Nacken aufzuzwingen.

Die Welt. Gleich wie Salomon erfleht er
Sich des Herrschers Wissenschaft.

Eine Stimme *(singt von der Grabespforte her)*.
König dieses schwanken Reiches,
Lasse, laß den stolzen Wahn,
Denn schon dunkelt rings die Bühne,
Deine Rolle ist vollbracht.

Der König. Daß verklungen meine Rolle,
Eine Stimme zu mir sang –
O wie mir das Herz sich wendet
Bei dem schauerlichen Klang!
Ist's zu Ende nun, so muß ich
Weichen, doch wo tret' ich ab?
Dorthin zu der ersten Türe,
Wo ich meine Wiege sah,

Ist der Pfad verwehrt, ich kann
Nicht zurück mehr; o wie hart,
Keinen einz'gen Schritt zur Wiege
Lenken dürfen! Nach dem Grab
Zielen alle – Kehrt der Strom,
Der als Meeresarm entsprang,
Doch zum Meer zurück, die Quelle,
Die sich frisch dem Strom entschwang,
Wird einst wieder Strom, das Bächlein,
Das sich aus der Quelle schlang,
Wieder Quell – und nur der Mensch,
Der im Kern des Seins erwacht,
Kehrt zur Kluft, um – er allein –
Nicht zu sein mehr, was er war?
Doch da ausgespielt die Rolle,
Meister, der uns überwacht,
So verzeihe, wo ich fehlte –
Sieh', bereuend steh' ich da.

(Er entfernt sich durch die Grabespforte, durch welche auch die andern späterhin abgehen.)

Die Welt. Gut beschloß er seine Rolle,
Da er um Vergebung bat.

Die Schönheit. Seht, inmitten der Vasallen,
In der Blüte seiner Pracht
Sank der König.

Der Landmann. Sinkt im Mai
Regen nur auf meine Saat,
Wird mit Brot und ohne König
Leichter noch das Jahr vollbracht.

Der Weise. Und doch – 's ist ein großer Schmerz.

Die Schönheit. Und Verwirrung mannigfach.
Was nun ohne ihn beginnen?

Der Reiche. Laßt uns plaudern vor wie nach.
Sag' nun du uns, was du denkest?

Die Schönheit. Nun, ich habe mir gedacht –

Die Welt. Wie sich Lebende schnell trösten
Über des Geschiednen Grab!

Der Landmann. Ja, zumal wenn der Verstorbne
Ihnen viel verlassen hat.

Die Schönheit. Bedenk' ich meiner Schönheit duftig Schweben,
Neid' ich den König nicht um seine Prachten.
Als herrlicher muß ich den Thron betrachten,
Auf den mich meiner Schönheit Zauber heben.
Denn herrscht der König über schwanke Leben
Und über Seelen ich, die nie vernachten,
So kann ich höher wohl mein Reich erachten
Dem über Ew'ges ward die Macht gegeben.
Es haben »eine kleine Welt« die Weisen
Den *Mann* genannt; nun wohl, beherrsch' ich diesen,
Und herrscht ein Himmel überm Weltgewimmel:
So darf mein göttergleiches Los ich preisen,
Denn wenn die Männer eine Welt umschließen,
So ist fortan das Weib ein kleiner Himmel.

Die Welt. Sie gedenket nicht der Mahnung
Des Ezechiel, der da sagt,

Daß der Schönheit Reiz durch Hochmut
Ward verkehrt in Mißgestalt.

Gesang der Stimme *(draußen)*.
Du, der Menschen holde Schönheit,

Blume, allzufrüh erwacht,
Welke, denn in deinen Morgen
Dämmert schon herein die Nacht!

Die Schönheit. Daß die Schönheit untergehe,
Sagt ein trauriger Gesang.
Geh nicht unter, geh nicht unter,
Kehr' zu deinem ersten Glanz!
Aber weh mir! Keine Rose,
Weiße, rote, blüht im Land,
Die nicht bei der Lüfte Kosen,
In der Sonne Liebesstrahl
Bleichend ihren Schmuck verstreute;
Alle sinken Blatt auf Blatt,
Keine, keine legt das Brautkleid
Ihrer Knospe wieder an!
Doch was kümmert mich's, daß Blumen,

Der Aurora leichter Kranz,
Welken müssen, wenn die Sonne
Mit dem Scheidekuß versank?
Ist wohl meinem Los vergleichbar

Irgendeiner Blume Pracht,

Die stets nur aus halbem Sein

Ins Nichtsein hinüberrankt?

Nein, nein! *Höh're* Blume bin ich,

Von so großer Dauerkraft,

Daß die Sonne nicht mein Ende

Schaut, die mich entstehen sah.

Ewig so, wie kann ich *enden*?

Stimme, sprich, red' ich nicht wahr?

Die Stimme. Ewig blühst du in der Seele,

Sterblich in des Leibes Haft.

Die Schönheit. Daß ich solcher Unterscheidung,

Ach, kein Wort entgegnen kann! –

Dorther von der Wiege kam ich,

Dorthin muß ich nun zum Grab. –

Wie betrübt's mich, daß ich besser

Meine Rolle nicht gemacht! *(Sie geht ab.)*

Die Welt. Gut beschloß sie ihre Rolle,

Da ihr Herz in Reue brach.

Der Reiche. Mitten aus der Lust, den Spielen,
Unter süßer Lauten Klang
Schwand die Schönheit.

Der Landmann. Blieb nur Schinken
Und ein Schlückchen Wein im Schrank
Uns zum Osterfest noch, wenig
Frag' ich nach der Schönheit dann.

Der Weise. Dennoch – groß ist diese Trauer.

Der Bettler. Und tief Mitleid uns erfaßt;
Was nun sollen wir beginnen?

Der Reiche. Ei, wir plaudern vor wie nach.

Der Landmann. Denk' ich mir, wie ich mich quäle,
Grab' und hau' vor Angst und Treue,
Wie ich keine Hitze scheue
Und auf jeden Nachtfrost schmäle:

Und seh' dann so träg die Seele,
Schimpf' ich oft sie lau und matt,
Daß für Korn und Frucht und Blatt
Sie stets Lob und Dank will sagen

Nur dem Acker, der's getragen,

Und nicht Gott, von dem er's hat.

Die Welt. Schon naht sich der Dankbarkeit,

Wer als Schuldner sich erkannt.

Der Bettler. Zu dem Landmann neigt mein Herz sich,

Obgleich er vorher mich schalt.

Die Stimme. Landmann, deiner Not und Mühen

Vorbestimmtes Ziel ist da.

Andern Acker wirst du bauen –

Wo? ist Gott allein bekannt.

Der Landmann. Stimme, wenn von solchem Spruche

Jemals noch Berufung galt,

Mit Vergunst, so appellier' ich

An die höhere Instanz.

Warum grade jetzt schon sterben?

Paßt doch bessern Zeitpunkt ab!

Soll ich mindstens einst nicht sehen

Meine weggeworfne Saat?

Daß ich ein nichtsnutz'ger Bauer,

Sagt ich ja voraus; das sagt

Auch mein Weinberg, der mit Disteln
Und den schönsten Blumen prangt,
Denn so hoch floriert das Unkraut,
Daß, wer just nicht gar zu nah,
Sich den Kopf zerbricht, ob's Weizen
Oder Rebe, was er sah.
Wuchert Nachbars Korn zum Staunen
Unverschämt und riesenhaft,
Hält sich meins zum Zwerggeschlechte,
Das kaum aus dem Grase ragt.
Wer das hört, könnt' freilich meinen,
Wenn das Feld so fahl und kahl,
Schlüg' ja, wie bestellt, mein letztes .

Stündlein. Ja, warum nicht gar!
Denn besteht schon, wer den Erben
Volle Scheunen hat vermacht,
Nicht ganz gut vor seinen Vätern,
Wie nun gar mit leerer Hand?
Doch jetzt gilt's nicht lange fackeln,
Da die Todesstimme sprach

Und zugleich mit offnem Rachen
Schon das Grab dort nach mir schnappt.
Fehlte ich in meiner Rolle,
Ficht mich nur der Kummer an,
Daß ob meiner wen'gen Reue
Mich nicht größrer Kummer plagt. *(Ab.)*

Die Welt. Anfangs hielt ich ihn für dümmlich,
Doch jetzt zeigt er durch die Tat,
Daß mein rasches Urteil irrte –
Gut beschloß der Ackersmann.

Der Reiche. Von den Spaten und den Pflügen,
Müde aus des Staubes Qualm
Ist der Landmann nun geschieden.

Der Bettler. Und wir schaun voll Sorgen nach.

Der Weise. Welcher Kummer!

Der Bettler. Welch Bedrängnis!

Der Weise. O Betrübter –

Der Bettler. Unglückstag!

Der Weise. Was nun ohne ihn beginnen?

Der Reiche. Weiter plaudern vor wie nach.
Nach dem Beispiel all der andern
Sag' auch ich, was ich gedacht:
Wer sah ohne Schreck dies Leben,
Einer zarten Blume gleich,
Sich im Morgentau erheben
Und im Abendrot schon bleich?
Muß es denn so schnell entschweben,
Nun, so spart vergebne Not
Und genießt, was man euch bot!

Laßt den Bauch zum Gott uns machen,
Heut noch essen, trinken, lachen,
Denn wer weiß, wer morgen tot!

Die Welt. Das ist ja ein saubres Sprüchlein,
Recht nach Heidensinn und Art,
Wie schon Isaias sagte.

Der Weise. Wer kommt jetzt?

Der Bettler. Ich folge nach.

Fluch dem Tag, da ich erwacht,
Um die harte Welt zu sehen,
Und verflucht die falsche Nacht,
Wo ich zu so herben Wehen
Ward gezeugt! Umschlinge sacht
Trüber Nebel Berg und Tale,
Daß der Sonne reines Licht
Nimmermehr sie rosig male
Und kein Strahl die totenfahle,
Schwere Wolkenwucht durchbricht.
Ew'ge Nacht deck' alle Dinge

Grauenvoll mit dunkler Schwinge,
Und daß durch die Wolkenrisse
Nie ein Blick zum Himmel dringe,
Balle sie die Finsternisse,
Lösche aus der Funken Pracht,
Die des nächt'gen Wandrers Wonne,
Und der Tag sei ohne Sonne,
Sternenlos die öde Nacht!

Herr! Nicht darum so verloren
Siehst du mich in wildem Schmerz,
Weil zur Armut ich erkoren,
Nein, nur *das* bricht mir das Herz,
Daß in Sünden ich geboren.

Die Welt. Ha, der spiegelte recht täuschend
Der Verzweiflung Wesen ab!
Denn auch Hiob einst verfluchte
Ebenso der Sünde Schmach.

Die Stimme. Streng bemessen ist das Glück,
Streng bemessen ist die Qual;

Von den Qualen, von dem Glücke
Gebt nun beide Rechenschaft!

Der Reiche. Weh mir!

Der Bettler. Welche frohe Kunde!

Der Reiche. Wie, bei dieses Rufes Klang
Bebst du nicht zusammen?

Der Bettler. Ja.

Der Reiche. Und bist nicht auf Flucht bedacht?

Der Bettler. Nein, denn diese Schauer rieseln
Jeglichem durch Bein und Mark,
Fühlt der schwache Mann voll Zagen
Die Gerichte Gottes nahn.
Doch wo alle Flucht vergebens,
Wenn sogar die heil'ge Pfalz,
Nicht den König und die Schönheit,
Nicht die eigne Glorie barg:
Wohin sollt' die Armut fliehen?
Nein, viel tausend-, tausendmal

Dank' ich ihm, daß er nun endet
Mit dem Leben meine Schmach.

Der Reiche. So ganz ohne Herzeleid
Trittst du von der Bühne ab?

Der Bettler. Da ich hier nichts Liebes lasse,
Geh' ich willig diesen Pfad.

Der Reiche. Und ich wie geschleift vom Henker,
Denn mein Herz bleibt bei dem Schatz.

Der Bettler. Welche Freude!

Der Reiche. Welche Trauer!

Der Bettler. Welche Tröstung!

Der Reiche. Welche Qual!

Der Bettler. Welch Vergnügen!

Der Reiche. Welche Schmerzen!

Der Bettler. Welches Glück!

Der Reiche. O harter Fall!

(Beide gehen ab.)

Die Welt. Wie so anders ist des Reichen
Und des Bettlers Todesbahn!

Der Weise. Auch sie scheiden – auf der Bühne
Steh nur ich allein noch da.

Die Welt. Unter allen hält die Kirchc
Stets am längsten bei mir Stand.

Der Weise. Nicht die hehre Kirche bin ich;
Sie besteht, ich muß hinab,
Denn nur einer ihrer Diener
War ich hier aus eigner Wahl.

Doch dem Ruf der Todesstimme

Eilt' ich sehnsüchtig voran,

All mein Tun und Sein versenkend

Lebend schon ins stille Grab.

Und so schließ' ich heut das Schauspiel,

Morgen spielt der andre Akt,

Und ihr, bessert euch für morgen,

Die ihr heut uns irren saht!

(Der Vorhang der unteren Erdenbühne fällt.)

Der Meister. Straf' und Lohn verhieß ich jedem,

Wer da schlecht, wer gut bestand;

Kommt nun allzumal herbei,

Lohn und Strafe zu empfahn!

(Die Himmelsbühne schließt sich ebenfalls.)

Die Welt. Kurz war das Schauspiel; aber wann verwehen

Nicht rasch des Lebens Spiele, kaum erklungen,

Wo alles nur ein Kommen ist und Gehen,

Das keinen überrascht, der's recht durchdrungen?

Verödet schon seh' ich die Bühne stehen;

Zu ihrem Urstoff, dem sie sich entrungen,
Kehrt nun die Form, die jeder angenommen;
Staub scheiden sie, da sie als Staub gekommen.
Von allen jetzt, vom Kön'ge bis zum Bauer,
Fordr' ich zurück, was sie von mir erbeutet

An eitlem Tand für dieses Schauspiels Dauer,
Daß jeder scheine, was sein Part bedeutet.
An diese Tür stell' ich mich auf die Lauer,
Und wer da meine Schwelle überschreitet,
Leg' ab, was er an Schmuck mir hat entnommen,
Denn Staub sei wieder, wer als Staub gekommen.

(Der König tritt auf.)

Du, der zuerst aus diesem Tor gezogen,
Sprich, welche Rolle hattest du empfangen?

Der König. Du fragst? Vergißt die Welt so schnell des Hohen?

Die Welt. Die Welt wirft hinter sich, was da vergangen.

Der König. Mir untertan war, was der Sonne Lohen,
Wann sie aufatmet an Aurora's Wangen,
Bis träum'risch sie ins Schattenreich gesunken,

Vergoldend übersprüht mit Feuerfunken.
Ich war's, dem die Gewalt man anvertraute,
Der andre sonnt' mit seines Ruhmes Lichte,
Der Siegesbogen erbt' und neue baute,

Der mit den Völkern einst ging ins Gerichte,
Der sinnend nach den höchsten Gütern schaute,
Der mit dem Schwerte schrieb die Weltgeschichte
Und über sich den Thronenhimmel glänzen
Von Purpur sah, von Kron' und Lorbeerkränzen.

Die Welt. So löse denn, verlaß, wirf hin die Krone,
Leg' ab die Majestät, vom stolzen Schlosse
Verbannt, vergessen, wie zu herbem Hohne,
Scheid' nackt und bloß aus dieses Lebens Posse!
Der Purpur, den du rühmst in hohem Tone,
Bald hüllt sich drein ein anderer Genosse,
Nichts nimmst du mit von allem, was da glänze,
Mir bleiben Purpur, Kron' und Lorbeerkränze.

(Sie entkleidet ihn.)

Der König. Hast du nicht selber mir den Schmuck verliehen?
Warum nun nimmst du, was du kaum gespendet?

Die Welt. Weil's nicht verliehn dir wurde, nur geliehen
Für kurze Frist, bis du dein Spiel beendet.

Laß nun für andre deine Reiche blühen
Und alle Herrlichkeit, die dich geblendet.

Der König. Wer möcht' fortan an deine Macht noch glauben,
Vermagst du nichts zu geben, nur zu rauben!
Was nun vor andern hab' ich zum Gewinn,
Daß ich das Zepter auf der Welt geführet?

Die Welt. Lohn oder Zücht'gung wird dir zum Gewinne
Von deinem Herrn, der weiß, was dir gebühret.
Ich frage nicht, ob du nach seinem Sinne
Den König wacker oder schlecht agieret,
Mich kümmert nur der Schmuck, den du entnommen,
Denn du mußt von mir gehn, wie du gekommen.

(Die Schönheit tritt auf.)

Was spieltest du?

Die Schönheit. Das Zauberspiel der Blicke.

Die Welt. Was gab ich dir?

Die Schönheit. Der Schönheit süß'stes Prangen.

Die Welt. Wo hast du sie?

Die Schönheit. Sie blieb im Grab zurücke.

Die Welt. Es schauert die Natur in leisem Bangen,
Sieht sie die Schönheit von so schwankem Glücke,
Daß sie, eh' sie noch heimkehrt, schon vergangen;
Und wie ich auch nach ihr zurück mich sehne,
Verloren ist, so dir wie mir, die Schöne.
Der König mußt' sein Reich mir wiedergeben
Und alles Hohe seinen Glanz mir lassen,
Nur Schönheit wendet sich, verhaucht ihr Leben,
Sieht ihre Herrin sterbend sie erblassen.
Schau in den Spiegel hier!

Die Schönheit. Ich seh's mit Beben.

Die Welt. Wo hast du deiner Reize Schmuck gelassen,
Die ich dir einst geliehen? Gib sie mir wieder!

Die Schönheit. Sank alles, alles dort im Grabe nieder.
Dort ließ ich den Jasmin und die Korallen,
Dort sah ich Mund und Wangen leis erbleichen,

Dort, Blatt um Blatt, die Rosen, Nelken fallen,
Dort graue Nacht den Frühling überschleichen,
Dort trübten sich die spiegelnden Kristallen,
Dort brachen meines Zaubers Stab und Zeichen,
Dort gingen unter meiner Augen Schimmer,
Dort blieb von aller Schönheit nicht ein Trümmer.

(Der Landmann tritt auf.)

Die Welt. Ha, Bauer, was warst du?

Der Landmann. Nun Bauer, eben
Weil ich's sein mußte. Aber bleib' nur sitzen,
Der Bauer beißt nicht. Ja, den Titel geben
Die Fante uns, für die im Feld wir schwitzen,
Ich bin's, den manche, die bei Hofe leben,
Vornehm gesegenen mit schlechten Witzen,
Ich bin's – und daß ich's bin, soll mich nicht plagen –,
Zu dem Ihr: »Du« und »Er« beliebt zu sagen.

Die Welt. Gib her, was ich dir lieh.

Der Landmann. Du, mir geliehen?

Die Welt. Ein Spaten war's.

Der Landmann. Das lohnt auch noch zu schwatzen!

Die Welt. Gleichviel! Darfst nicht damit von dannen ziehen.

Der Landmann. Nun, da möcht' einem doch die Galle platzen!
Seht die vertrackte Welt! Erst ab mich mühen,
Mit Not das bißchen Brot zusammenkratzen,
Und jetzt, da wir hier auseinander rennen,
Nicht so ein lumpig Grabscheit mir zu gönnen!

(Der Reiche und der Bettler treten auf.)

Die Welt. Wer naht?

Der Reiche. Wer nimmer möchte von dir scheiden.

Der Bettler. Und wer von dir zu scheiden stets verlangte.

Die Welt. Wie kommt es, daß zur selben Zeit euch beiden
Zu lassen mich und nicht zu lassen bangte?

Der Bettler. Weil ich viel bittre Armut mußte leiden.

Der Reiche. Und ich mit Schätzen übermächtig prangte.

Die Welt. Her, dein Geschmeid!

(Sie nimmt ihm seinen Staat.)

Der Bettler. Schau, wie ich sicher baute!
Hab' nichts, das mir, der Welt zu lassen, graute.

(Das Kind kommt.)

Die Welt. Auch dich sah ich doch zum Theater streben,
Warum erschienst du niemals in dem Stücke?

Das Kind. Du nahmst in einem Grabe mir das Leben,
Im Grab lass' ich, was du mir gabst, zurücke.

(Der Weise tritt ein.)

Die Welt. Was hatt' ich dir zum Schmucke mitgegeben?
Sprich, was erbatst du an des Lebens Brücke?

Der Weise. Ein härnes Kleid, das ich demütig trüge,
Die Geißel, das Gebet und inn're Gnüge.

Die Welt. So gib mir's wieder nun, man soll nicht wähnen,
Daß einer nur sein Ehrenpfand vertrage.

Der Weise. Ich wollte, das Gebet, die Lust der Tränen
Verblieb der Welt bis an das End' der Tage;
Doch scheiden sie mit mir, auf daß dich Sehnen

Dir selbst entschwing' mit kühnerm Flügelschlage.
Versuch's, ob du's vermagst, sie zu erfassen.

Die Welt. Kann nicht, muß dir die guten Werke lassen,
Das einzige, das ihr der Welt entrungen.

Der König. O wer doch nimmer nach Gewalt getrachtet!

Die Schönheit.
Und nimmer nach der Schönheit Huldigungen!

Der Reiche. O hätt' ich nie mit Schätzen mich befrachtet!

Der Landmann. O wer den Spaten rüst'ger doch geschwungen!

Der Bettler. O wer in größern Nöten noch geschmachtet!

Die Welt. Zu spät! Was schauert ihr? Im Sterben
Mag sich nicht Palmen mehr der Mensch erwerben.
Und da ich ausgelöscht der Schönheit Züge
Und, was gewaltig war, gestürzt nun habe,
Da ich verstört des Hochmuts eitle Flüge,
Das Zepter gleichgemacht dem Bettelstabe:

So gehet vom Theater denn der Lüge
Ein in das Reich der Wahrheit aus dem Grabe!

Der König. Wie anders, als da ich jetzt wiederkehre,
Empfingst du damals uns!

Die Welt. Merk' dir die Lehre:
Naht sich Fortuna, lächelnd zu beglücken,
Schau, wie devot der Mensch sich vor ihr schmiege!
Doch kehrt sie einmal spröde ihm den Rücken,
Ballt drohend er die Fäuste wie zum Kriege.
Die offne Wiege, zärtlich fast erdrücken
Möcht' sie den Menschen, doch dieselbe Wiege,
Einst umgekehrt, wird dich als Sarg umfassen.
Wieg', Sarg bin ich beim Willkomm und Entlassen.

Der Bettler. Da die Welt hier so tyrannisch
Uns aus ihrer Mitte forttreibt,
Laßt uns zu dem Gastmahl gehen,
Das zu unsers Spieles Lohne
Uns der Meister hat verheißen.

Der König *(zum Bettler)*.
Höhnst du also meine Hoheit,
Daß du's wagst voranzugehn?
Hast du gar so schnell verloren

All Erinnern, plumper Bettler,
Daß du als mein Knecht geboren?

Der Bettler. Deine Rolle ist zu Ende.
In des Grabes Garderobe
Sind wir all einander gleich;
Was du *warst*, kann wenig frommen.

Der Reiche. Wie! Vergißt du, daß du gestern
Mich noch bettelnd angesprochen?

Der Bettler. Und vergißt du, daß du mir
Nichts gegeben?

Die Schönheit. Schon enthoben
Wähnst du dich der schuld'gen Achtung,
Die man hohen Damen zollet?

Der Weise. Alle gleichen wir einander
Hier an dieser stillen Pforte,
Im armsel'gen Grabeskittel
Gilt nicht mehr gering noch vornehm.

Der Reiche *(zum Landmann)*.
Fort doch, aus dem Wege, Bauer!

Der Landmann. Laß nun endlich deine Possen!
Tot ist tot, und nur noch Schatten
Bist du deiner frühern Sonne.

Der Reiche. Weiß nicht, vor des Meisters Anblick
Will mir fast der Atem stocken.

Der Bettler. Meister Himmels und der Erde!
Die nach deinem Machtgebote
Dieses kurzen Menschenlebens
Schauspiel vorgestellt, sie kommen
Alle nun zum großen Gastmahl,
Das du ihnen einst versprochen.
Laß das Lichtgewölk sich teilen
Vor dem Glanze deines Thrones!

(Musik. Wahrenddeß erschließt sich noch einmal die Himmelsbühne und zeigt einen Tisch mit Kelch und Hostie, an welchem der Meister sitzt.)

Der Meister. Schon harrt euer dieser Tisch
Und das Brot, vor dem erschrocken
Sich die Hölle beugt und alle
Himmel in Beschaun verloren.
An der Zeit ist's, zu verkünden,

Wer jetzt mit mir tafeln soll,
Denn aus meiner Nähe müssen
Scheiden nun, die ihre Rollen
Dort verfehlt, auf daß besel'gend
Sie Erkenntnis überkomme
All des Heiles, das ich ihnen
So barmherzig dargeboten.
Sei der Bettler und der Mönch
Denn zum Ehrentisch erhoben;
Essen sie auch nicht dies Brot,
Da sie schon der Welt entnommen,

Ist's doch Labsal, anzubeten
Das Mysterium der Wonne.

Der Bettler *(zu der obern Bühne aufsteigend).*

Ich Glücksel'ger! o wer härtre
Not doch über sich genommen,
Da, was ich um Gott erlitten,
Nun mein Haupt umglänzt als Glorie!

Der Weise *(ebenso).*

O ich hochbeglückter Büßer,

Dem so hehres Los erobert

Seine herbe Strenge! Selig,

Wer da Tränen hat vergossen

Und als Sünder sich bekannt!

Der König. Mitten in dem Glanz der Hoheit

Fleht' ich, Herr, nicht um Erbarmen?

Warum hast du mich verworfen?

Der Meister. Schönheit und Gewalt, hochmütig

Hatten sie sich überhoben,

Doch bereut auch. Beide seien,

– Jedoch später – aufgenommen.

Ebenso gescheh' dem Landmann. *(Zum Bettler.)*

Wenn er dir nichts geben mochte,

War's nicht Herzenshärtigkeit,

Seine Absicht war zu loben,

Nur verblümt auf seine Art,

Als er damals dich gescholten,

Um dir durch dich selbst zu helfen.

Der Landmann. Ja, das war es, was ich wollte,

Denn ich haßt' die Vagabunden.

Der Meister *(zu der Schönheit, dem Könige und dem Landmann).*
So gewärtigt künft'gen Lohnes,
Da ihr, eure Schuld bereuend,
Um Barmherzigkeit geworben!
Im Fegfeuer nun ihr drei
Harret büßend, bis gekommen
Eure Zeit.

Der Weise. O heil'ger Meister!
Da ich wankt', die Hand geboten
Hat der König mir; die meine
Biet' ich jetzt in seiner Not ihm.

(Er reicht dem Könige die Hand und hebt ihn empor.)

Der Meister. Und ich kürze seine Buße,
Da die Kirche ihn empfohlen.
Fliegt, Jahrhunderte, dahin!
Überwunden hat sein Hoffen.

Der Landmann. Regneten doch auf mich nieder
So viel Bullen für Verstorbne
Und so hageldicht, daß eine

In der Luft die andre stoße!

Denn des heil'gen Vaters Briefe,

Die aus Rom zu Hilfe kommen,

Machen wunderbar die Riegel

Dieses düstern Kerkers loser.

Das Kind *(zum Meister)*.

Fehlt' ich nicht in meiner Rolle,

Warum wird mir nichts zum Lohne,

Hoher Herr?

Der Meister. Weil allzu wenig

Du gerungen. Nicht belohnen

Noch bestrafen kann ich dich;

Schuldlos, doch in Schuld geboren,

Bleibt dir Lohn und Strafe fremd.

Das Kind. Tiefe Nacht hält mich umschlossen;

Wie im Traume steh' ich blind

Ohne Schmerz und ohne Wonne.

Der Reiche. Seh' ich König dort und Schönheit,

Bloß weil Weltruhm sie verlockte,

Trotz der Tränen, die sie weinten,
So im Innersten erschrocken
Und den Bauer unter Seufzen,
Daß es Steine rühren sollte,
Ungewiß und bebend zaudern,
Hier emporzuschaun zu Gottes
Furchtbar strengem Angesicht –

Wie wagt' ich den Blick nach oben?
Doch ich muß – wo flöh' ich hin,
Da kein Winkel bleibt verborgen
Vor dem schrecklichen Gericht?
Meister!

Der Meister. Unglücksel'ger, stockt dir
Nicht die Stimme bei dem Namen?
Hättst du nie ihn ausgesprochen!
Denn hier aus der Zahl der Meinen
Bist fortan du ausgestoßen.
Steig' zu der verlornen Nacht
Nieder nun, wo deine stolzen

Lüste dich in Ewigkeit

Zwischen Furcht und Qualen foltern.

Der Reiche. Wehe! An mein Schattenbild

Festgeschmiedet, glutumlodert,

Stürz' ich nieder – stürzt mir nach!

Unter eurem starren Bogen,

Um mich vor mir selbst zu bergen,

Deckt, begrabt mich, Felskolosse!

Der Weise. Ew'ge, ew'ge Seligkeit!

Die Schönheit. Einst wird sie auch mir erschlossen!

Der Landmann. Schönheit, so mit bloßen Wünschen

Sollst du mir zuvor nicht kommen!

Das Kind. Keine Seligkeit für mich!

Der Reiche. Und für mich fortan kein Hoffen!

Der Meister. Die vier letzten Dinge hat hier

Euer Auge wahrgenommen.

Doch weil eines von den vieren

Schließlich muß zu Ende kommen

Nach dem Wesen dieser Dinge,

So sei zur geheimnisvollen
Tafelrunde nun die Schönheit
Und der Landmann aufgenommen,
Da sie schmerzensreich die Stufen
Schon der Seligen erklommen.

Der Reiche. O des Neides!

Der König. Welch ein Sieg!

Die Schönheit *(oben anlangend)*. Welche Freude!

Der Landmann *(ebenso)*. Ha, Viktoria!

Der Reiche. Welche Schmerzen!

Der Weise. Welcher Trost!

Der Bettler. Welche Labung!

Der Reiche. O, verloren!

Das Kind. Schmerz und Wonne überall,
Nur für mich nicht Schmerz noch Wonne!

Der Meister. Da des Himmels Engelscharen,
In der Hölle die Dämonen
Und die Menschen auf der Welt

All' sich beugen vor dem Brote,
Sollen durch die Himmel, Hölle
Und die Welt zu seinem Lobe

Süße Stimmen widerhallen
Rings in unermeßnem Chore.

(Musikklänge; man hört in der Ferne das »Tantum ergo« singen.)

Die Welt. Und da dieses ganze Leben
Eben nur ein Schauspiel vorstellt,
Oh, so werde dem wie jenem
Nachsicht hier wie dort zum Lohne!

Alle Werke unter www.groels.de